Impressum
Bibliografische Information der Deutschen
Nationalbibliothek: Die Deutsche
Nationalbibliothek verzeichnet diese
Publikation in der Deutschen
Nationalbibliografie; detaillierte bibliografische
Daten sind im Internet über dnb.dnb.de
abrufbar.
© 2021 Burak Tuncel
Herstellung und Verlag: BoD – Books on
Demand, Norderstedt
ISBN: 978-3-7534-0808-8

IM REICHTUM DER REICHEN WOHNT DAS RECHT DER ARMEN

Die Gebete der Tiere

-Dichterischer Roman-

„Solange die Menschen nicht einsehen, dass die Tiere Lebewesen sind, die genauso ein Recht haben zu leben wie sie selbst, solange wird sich am bösen Schicksal der Menschheit nichts ändern."

Der Schriftsteller Burak Tuncel ist Wissenschaftler der Seele. Er ist Philosoph, Dichter, Poet und Kolumnist in einer Online Zeitung, studierte Journalismus und ist nebenbei Darsteller am Theater. Seine Werke sind als Melodram geschrieben, begleitet von sentimentaler Musik schreibt der Autor seine dichterisch-philosophischen Romane. Er wünscht sich auch für sie, den Leser, eine derartige musikalische Begleitung beim Lesen. Der Dichter fordert die Menschen heraus mit seinen Büchern. Er fordert sie heraus, da er ihnen altbekannte Dichter, Philosophen zitiert und darbietet, die alle von der Einheit der Existenz und Liebe sprechen. Nur die Menschen sehen und hören es nicht. Sie leben einfach weiter, strebend nach den weltlichen Dingen. Kritisch betrachtet er diesen Lebenswandel, mit Blutstränen in den Augen um die Menschen, sich wundernd. Manchmal hat es den Anschein, als könne er nicht verstehen, dass die Menschen so leben, strebend nach Macht und Geld allein, anstatt sich dem Herzen zu widmen und sich zu fragen, mit welcher Lebensaufgabe wir geboren wurden.

Jedes seiner Kapitel beginnt mit einem Zitat großer Denker und Dichter, um dem Leser die Sprache der Dichtkunst wieder näher zu bringen, die heutzutage ausgestorben zu sein scheint. Die Sprache der Dichter und Poeten ist die Sprache des Herzens. Nur wer sie verstehen kann und in sein Inneres lässt, kann zum Tempel der Liebe gelangen. Nur dann kann der neue Mensch geboren werden, voller Vertrauen in die Mutter Natur und sich seines Herzens und der weichen, femininen Kräfte des Menschen bewusst.

Kontakt zum Autor: kunlee@web.de

So überlasset die Traurigkeit uns Liebenden, wir sind die Glücklichen dieser Welt (Vorwort)

(*Eine sozialpsychologische Untersuchung*) Dies sind Briefe adressiert an euch, Zeilen an eine lieblose Welt. Ich lehrte die Freundschaft mit der Existenz in diesen Büchern, ihr hättet auch zur Liebe finden sollen, damit die Kinder sich daran erfreuen können. Doch, ihr habt an eurer Ignoranz und Arroganz festgehalten. Eure Welt steht in der Schuld der Tiere, deshalb sind eure Augen ohne Liebe und die Machthaber haben euch fest unter Kontrolle. Eure Strukturen und eure Arbeitswelt sind gemacht worden von bedürftigen Kreaturen. Sie haben keine Liebe in sich, ich kann es sehen und ihr folgt ihnen, weil sie euch ähneln, in so vielen Dingen. Es fehlt euch an Poesie und so habt ihr die Gabe vergessen zu singen. Die Blumen und Tiere singen die schönsten Lieder, doch ihr habt euch dem Konsum gewidmet. Doch Liebe ist keine Ware. Daher ist jede Gesellschaft gegen die Liebe, es ist gegen seine wirtschaftlichen Interessen. Am Nutzen orientiert sind eure Beziehungen. Die Kunst erschafft das Schöne, doch nicht eure Hofkünstler die ihr in den Medien seht. Sie sind Bedürftige wie ihr. Die wahren Künstler werdet ihr niemals unter eure Reihen bekommen. Sie lassen sich von euch nicht einnehmen. Ihr habt solch große Angst vor den Dichtern und Poeten wie ihr sie vor niemandem habt, nicht einmal vor Gott. Denn die Dichter sind die Gesandten der schönsten Götter selbst. So ist´s der Welten Lauf.

*"In ein paar Minuten werde ich geschreddert. Wenn ich es bis dahin
schaffe ein Ei zu legen, bin ich wirtschaftlich attraktiv genug, um
nicht ermordet zu werden."*

Das Küken

Haltet mich nicht, ich kann diese Dramen nicht mehr ertragen.
„Ihr habt unsere Lieder geklaut.“
Haltet mich nicht. Ihr werdet mich nicht auf eure Seite bekommen,
zu viele Vulkane in mir am Platzen. Haltet mich nicht, auch ihr meine
Geliebten. Bekomme keine Luft mehr, werde verrückt. Wieso teilen
die Menschen nicht? Warum sind ihre Blicke so verachtend?
Weshalb kalt ihr Nähe?
Was ist dies nur für eine Menschheit? Was ist das nur eine
Freundschaft zwischen uns? *Halte mich nicht liebe Mama.* Zu Stein
wurde das Herz. Was ist dies für eine Welt? Wieso schaut ihr weg?
Wo sind die schönen Menschen nur hin?
Oh, die ihr in Wohlstand lebt, jene die das Leben verschmutzten.
Ihr die Gesetzeswärter, oh ihr Mitläufer, ihr liberalen Kurtisanen.
Oh, die ihr spaltet und Reich werdet, während andere hungern.
Oh, die ihr unsere Jugend habt geopfert.
Oh, die ihr seid ohne Liebe. Ihr Gläubigen und Ungläubigen. Ihr seid
vom gleichen Schlag. So haltet mich nicht, ich durchschaue euer Spiel.
Du kannst nicht sehen, was ich sehe und fühle. Seit Jahren halte ich
mich zurück. Haltet mich nicht. Seht ihr nicht, dass den Kindern in
der Schule ihre Kindheit gestohlen wird, dass Schulen Konkurrenz
und Gewalt produzieren. Die Tiere haben Angst vor dem modernen
Menschen.
„Ich beuge mich nicht eurer Welt, oh nein haltet mich nicht.“

„Ein intelligenter Geist lernst ständig. Ein intelligenter Geist ist einer, der ständig lernt und nie zu einem endgültigen Schluss kommt. Stile und Muster sind zu einem Abschluss gekommen und haben dafür aufgehört, intelligent zu sein."

Bruce Lee

So verließ er seine Heimat und zog sich zurück. Er sollte nicht mehr der Alte bleiben. Sein Herz verwandelte sich, er wurde verrückt vor Liebe.

Zittrig die Stimme, die Augen voller Tränen.

Was war mit diesem mysteriösen Mann geschehen? Er unterschied sich von den gewöhnlichen Menschen. Überdrüssig seine Liebe. *Das Austheilen war im Lieb.* Schenken wollte der Fremde sein Leben der Liebe Willen.

„Ein intelligenter Geist ist ein forschender Geist. Auch ist er kein Geist, der glaubt, denn Glauben ist nur eine andere Form, einen Schluss zu ziehen."

Bruce Lee

Zurück zu den alten Dichtern und Philosophen. Die Sprache der Dichtung, Poesie und Philosophie ist die einzige Rettung raus aus *diesem miserablen Drama*. Ihr werdet sehen, kein anderer Weg führt zur Schönheit auf der Erde, als die Lyrik und Magie der Gedichte.

Ihr habt Wahlen bei euch, ihr habt Schulen, Gotteshäuser, große Konzerne, riesen Arenen wo Sportveranstaltungen ausgetragen werden. Ihr habt Nationen und Religionen. Ihr habt Produktion und Konsum und etliche andere Sachen. Doch ihr seht, ihr seid unglücklich. Die Menschheit ist nicht im Einklang mit der Symphonie der Natur.

Euer Lebensstil bringt Leid und Streitigkeiten mit sich. Wisst ihr weshalb? Weil ihr die Kunst des Liebens nicht gelehrt bekommet. Die Kunst, die Welt mit Augen der Dichtung zu sehen. Ethik und Moral ist bei euren Geschäften ein Fremdwort. Es dreht sich alles nur um Zahlen bei euch. Ihr glaubt mir nicht? Wenn ihr das nächste Mal eure Wohnung verlasst, so blicket in die Strukturen der Gesellschaft, blicket in eure Großstädte. Schaut sie euch genau an. Überall werdet ihr nur Zahlen sehen, es dreht sich um das Geld. Es ist der höchste Wert bei euch. Blicket in die Augen der Menschen und ihr werdet sehen, dass sie keine Liebe haben.

„Denken ist eine Reaktion der Erinnerung und Erinnerung ist immer unvollständig, weil sie das Ergebnis von Erfahrung ist."

Bruce Lee

Wir leben in der größten Diktatur aller Zeiten. Wir werden auf Fuß und Tritt verfolgt. Überall liegen wir in Ketten. Sie kennen unsere Emotionen, sie wissen Bescheid um unsere Emotionen und Gefühle. Sie lassen uns denken, wir wären frei. Doch überall ist man diesen bösen Despoten, die unsichtbar sind, ausgeliefert. Jener anonymer Autorität wie es Erich Fromm schreibt in seinen unsterblichen Werken.

So ist Gott von dannen Gezogen, mit Tränen in den Augen.

Sie sah wie die Menschen nun die Technologie und die Materie anbeteten. Die Göttlichkeit wurde nicht mehr beachtet.

„Sehen geschieht mit dem inneren Geist."

Bruce Lee

Die meisten von euch, wissen nicht was wahre Schönheit ist, so küsst ihr die hässlichen Menschen. Ihr küsst die Macht. Reichtum ist hässlich, weil er auf Ausbeutung beruht. Es ist Blut dran, es ist Tod dran, viele haben dafür leiden müssen. Nur so wächst euer Konto. Die Suche nach Reichtum birgt Hässlichkeit. Ihr seid betrunken von Macht. Das Herz und die Liebe führen zum Misserfolg in eurer Welt. So widmet man sich dem kalten Verstand. Der Kopf ist listig, deswegen hat er so großen Erfolg in dieser Welt.

Doch ein Mensch mit Herz wird scheitern, weil er nicht ausbeuten kann.

Er wird so liebevoll sein, dass er nicht ausbeuten kann. Er wird so liebevoll sein, dass er kein Geizkragen, kein Horter sein kann. Er wird so liebevoll sein, dass er hingehen und alles austeilen wird, und alles, was er hat, wird er weggeben, statt anderen etwas wegzuschnappen. Er wird ein Fremder sein, wo nur gerissene Leute Erfolg haben. Deswegen wollen alle Schulen das Herz eliminieren, ehe das Kind in die Welt hinaus gelassen wird. Die Wege des Herzens sind geheimnisvoll. Jede Gesellschaft sorgt dafür, dass das Herz getötet wird.

„Der unkonditionierte Geist erahnt die Wahrheit."

Bruce Lee

Der weiße Mann hat uns von unserem Herzen getrennt. Er hat eine Zivilisation geschaffen, die nur dem Intellekt dient. Sie wollten uns töten, auf die Liebe hatten sie es abgesehen. Sie gaben uns Autos und moderne Technologie, alles war bequemer und schöner, doch wir verloren das Menschsein. Sie wollten, dass wir genauso werden wie der weiße Mann. Kalt und Herzlos. Es scheint, als hätte die Masse jene Art Sklaverei voller Genuss angenommen.

Sie propagieren Angst und Verwirrung. Die künstliche Intelligenz hat Macht über uns, wie es noch nie ein Diktator zuvor hatte oder ein politisches System. Die alten Philosophen lebten nicht in einer Zeit voller Maschinen. Sie waren frei in ihrem Streben nach Wissen.

Die einfachsten Menschen die zu manipulieren sind, sind jene die denken, dass all ihre Entscheidungen basieren auf dem freien Willen tätigen. Die neue Form einer Religion ist entstanden. Die Religion der Technologie. Sie predigen von Glückseligkeit, von Frieden, von einem Paradies auf Erden, doch bringen sie die Hölle. In einem fernen Tal befindet sich das Mekka dieser Religion.

Die Götzen der Technologie

„Vernunft, das Licht der Natur. Das Licht der Natur wird manchmal mit dem Licht der Vernunft, dem Intellekt gleichgesetzt.“

Bruce Lee

Die heutigen regierenden Götzen sind Dinge die von Menschenhand erschaffen wurden. Der Mensch kniet vor diesen Götzen. Somit verliert man seine eigene Lebendigkeit. Man gibt die Verantwortung des Lebens ab an tote Dinge.
Der moderne Mensch betet die Technologie an. Es wird die Materie angebetet. Um welche Götzen handelt es sich genau? Die Bürokratie, der Staat, die Macht, unbegrenzter Konsum, die Technologie und selbst Gott wurde zu einem Gegenstand gemacht, zu einem Götzen.
Der moderne Mensch gibt seine Kraft einem Idol, und umso ärmer wird man. Das Idol steht über ihm. Der Begriff der Entfremdung bedeutet im religiösen Jargon, der Götzendienst.

„Die Vorrausetzung um ein Künstler zu sein. Reinheit des Herzens. "

Bruce Lee

Was ist der wahre Sündenfall? Es ist die Entfremdung des Menschen, wo man sich der Macht unterwirft, egal welche Form es haben mag.

Folge immer deinem Ego heißt das Gebet der Kapitalisten, gegen die Einheit der Schöpfung zu sein.

Die Mehrheit hat Angst vor Verlust ihres Besitztums, deshalb ihre Angst, deswegen sind sie Gehorsam.

„Kunst ist die sichtbar gemachte Musik der Seele. Hinter jeder
Bewegung ist die sichtbar gemachte Musik der Seele zu sehen. Der
wahre Künstler hat kein Publikum, er arbeitet aus reiner Freude."

Bruce Lee

Aus der eigenen Erde nimmt der Schöpfergeist die Nahrung für seine Werke. Auf diese Weise erschafft der große Geist. Dieser Geist kann mit dem Oberflächlichen nichts anfangen, mir der Masse. Er widmet sich der eigenen Göttlichkeit.

„Wir werden am Hoffen sterben und wir werden am Glauben sterben, das ist das Los der Menschen, die man betrügt und die sich selbst betrügen, dieses Los hat sich nicht geändert, die Katastrophe allein ist imstande, uns davon zu befreien, und wir wissen, dass wir sie nicht mehr umgehen können."

Albert Caraco

Wie kann man einer schönen Blume einen Preis geben?
Doch ihr gebt alles in der Welt einen Preis. Ihr glaubt mir nicht? Schaut euch um, es dreht sich alles um Zahlen bei euch. Alles hat ein Preisetikett bei euch.
Eure Wissenschaft vergewaltigt die Natur.
Doch Poesie ist eine Liebesgeschichte mit der Existenz.
Doch ich betrachte eure Liebesbeziehungen. Sie sind flach und haben mit Liebe nichts zu tun. Hohl und leer die Augen. Poesie ist die Essenz aller Liebe, doch bei euch sieht man Menschen als Objekte, welches man Nutzen und Ausbeuten kann.
Was ich als eure Welt beschreibe ist genau die Welt des weißen Mannes, siehe die Denkart von Christoph Kolumbus als er im Jahre 1492 in San Salvador (Guanahani) ankam.

„Die Wahrheit ist außerhalb von allen festen Mustern. Die Konditionierung beschränkt das Individuum auf den Rahmen eines bestimmen Systems."

Bruce Lee

Wo steuern wir hin? Ziel und Zwecklos die Massen. Die Menschen geben ein Bild, dass sie glücklich sind, weil es zum erfolgreichen Menschen gehört, dass er strahlt, doch ich glaube innerlich sind die meisten Menschen überhaupt nicht freudig wie sie tun und wirken wollen.

Das Leben geht dahin, es ist eine einmalige Chance, doch jeder sehnt sich an das Ende des Tages, nicht an den sonnigen Morgen. Ist das Leben für die Produktion da oder die Produktion für das Leben? Das höchste Ziel ist die maximale Produktion im Markt. Die optimale Entwicklung des Menschen sollte doch Erstreben nach Göttlichkeit sein.

Doch die Ordnung ist nicht an der optimalen Entwicklung des Menschen interessiert. Sie möchte den maximalen Profit für das investierende Kapital haben. Das Glück des Menschen liegt in der Liebe zum Leben.

„Glaubenssysteme binden und isolieren. Ein etablierter, festgelegter Stil ist in Ketten gefesselt und Gebunden. So kann man nie etwas Neues, Frisches, noch nicht Geschaffenes begreifen.“

Bruce Lee

Wir *"Maschinenmenschen"* wie Fromm uns nennt, haben alle anderen Völker und Lebensweisen unterdrückt. Das Ziel ist es den Menschen Gehorsam zu machen.
Angst und Schuldgefühle werden gelehrt. Die Religion der Technologie und Konsum hat dieses Ziel. So wollen sie, dass wir von ihnen abhängig sind. Man soll durch die sogenannte Normopathie sich zwanghaft anpassen. Die Anpassung an krankhafte, gesellschaftliche Verhältnisse stellt die Norm dar.

*„Kein Weg ist der Weg. Verwendet keinen Weg als Weg. Sobald
es einen Weg gibt, sind wir eingeschränkt. Sobald wir von
Schranken umgeben sind, sitzen wir in der Falle."*

Bruce Lee

Intellektuelle sind jene, die über Dinge reden, die sie nicht fühlen, weil sie in erster Linie verstandesmäßig auf die Wirklichkeit und andere Menschen bezogen sind. Bei ihnen sind Herz und Kopf nicht verbunden. Sie sind entfremdet, können den Dichter nicht verstehen. Ihre Gedanken sind ohne Bezug zu ihren Gefühlen. Dies ist eine andere Form von Schizophrenie.
Gefühle würden nur das reibungslose Funktionieren der Maschinen stören. So dürfen Menschen so wenig wie möglich Gefühle zulassen in der Arbeitswelt, denn auch Gefühle kosten Geld. Bei der Masse auf dem Marktplatz wird Liebe als dies bezeichnet welches Erfolg und Anerkennung bringt. Menschen sind bemüht die letzte Mode stets mitzumachen die auf dem Markt verfügbar ist.
Der Mann soll skrupellos bei der Arbeit, stark sein, doch wenn er am Abend heimkommt, soll er gefühlvoll zu Frau und Kind sein.
Welch eine Lüge, die man lebt.

„Der Mensch als lebendiges Wesen und schöpferisches Individuum
ist immer wichtiger als jeder etablierte Stil und jedes System.“

Bruce Lee

„Kann ich überhaupt lieben?“ So sollte die Frage aller Fragen lauten. Doch bei euch heißt die Leitfrage stets. „*Werde ich geliebt.*“
Ihr stellt die falschen Fragen und die Wirkung danach ist ein *miserables Drama*.
Die Industrie erschafft immer mehr Bedürfnisse und die Herde bekommt nicht genug von ihnen. So werden Produktion und Konsum zu Handschellen.
Da wir in einer Gesellschaft leben, die auf den drei Säulen Privateigentum, Profit und Macht beruht, sind schöne Tage fern. Erwerben, Besitzen und Gewinnmachen sind die geheiligten und unveräußerlichen Rechte in eurer Verfassung der falschen Götter.

„Der klassische Mensch ist nur ein Bündel aus Routinen, Ideen und dem Ausdruck der Tradition. Wenn er handelt, überträgt er jeden lebendigen Moment in die Bedingungen alter Zeiten."

Bruce Lee

Es solle sein, die Freude am Sein, mehr möchten wir nicht. Vom Haben zum Sein, in Liebe zu Erich Fromms Werken sein. Mehr möchten wir nicht. Neid und Gier stets die Ursache für das Leid auf der Welt.
Doch wir machen uns die Welt, wie Pippi Langstrumpf, wie sie uns gefällt. Die Habenorientierung macht Herzen klein, nein dies darf nicht sein.

Dass, es eine Welt geben kann wo Kinder Herzen nicht weinen, nein dies leuchtet dem durchschnittlichen Menschenverstand nicht ein. Zu geben und teilen, die Werte der Norm zu verneinen, ja dies soll unser Weg sein. Die Umwertung aller Werte.

Das Ego der dunkelste Despot. Die Idole des modernen habsüchtigen, gierigen, entfremdeten Menschen sind Produktion, Konsum, Technik und Eroberung der Natur.
Jede Gesellschaft produziert den Charakter, den sie benötigt. So fügen wir uns nicht diesem Charakter und bleiben im Exil, bleiben am Rande, weil uns niemand zuhört. Sind zu fremd. Die Verrücktheit, die Diagnose ihrer Ärzte. Ihre Gesellschaftsform steht der Liebe im Wege.

Dies verkündeten wir auf diesem Wege.

„Das Wachstum der Kinder wird in den Schulen blockiert, weil sie in eine leblose Form gesteckt werden."

Burak Tuncel

Eine schöne Welt kann nur entstehen wenn die Motivationen des Profits und der Macht durch neue ersetzt werden. Das Sein, Teilen und Verstehen. Wenn der Marketing Charakter durch produktive Liebe abgelöst wird.

„Wir wissen doch um die hungernden Kinder. Um die getöteten Tiere."

Informationen sind überall verfügbar, ganz leicht sogar. Wenn man doch davon weiß, weshalb ändert man sich nicht? Wieso ändert sich die Masse nicht?
Sie könnten doch nicht so bleiben, sie würden anders handeln. Doch tun sie es nicht! Sonst müssten sie sich gegen die heiligen Säulen der Religion der Wirtschaft wehren und hinterfragen. Dies wollen sie nicht. Aus der Herde ausgeschlossen zu werden, schmerzt ihnen zu sehr.
Sie haben keinen Mut. So verdrängen sie die Schönheit und machen Opfer zu Tätern, und Täter, sie selbst zu Opfern.

„Das Nichts kann nicht eingeschränkt werden, etwas ganz Weiches kann man nicht brechen."

Bruce Lee

Heute bin ich laut Lachend durch die Straßen gezogen. Habe gesungen, war fröhlich und tanzte wie ein Dervis. Doch dann änderte sich rasch die Atmosphäre.

Blicke die einen töten wollten und das Lachen konnten sie nicht dulden.

Sie warnten mich, doch ich tanzte und lachte weiter vor Freude. Es kam die Polizei und nahm mich fest. Die Ekstase war meine Schuld. Die Masse konnte das Tanzen und Singen nicht ertragen, wie es Pippi Langstrumpf tat.
Nun weiß ich weshalb Goethe und Schiller zu Hause beschult worden sind. Wären sie im Schulsystem gelandet, wären sie nicht zu Dichtern geworden. *Wir hätten sie nie gekannt.*

„Die Unwissenden werden über mich lachen, aber die Weisen werden begreifen."

Bruce Lee

Oh Schulen, gebet uns unsere Unschuld zurück. So schreie ich es heraus wie es der Philosoph Kierkegaard tat vor den Kirchen.
In den Schulen wird die Unschuld beraubt. Wir verlieren unser schönstes Lächeln, die Empathie. Gesetze und Konkurrenz lassen uns zu Streitigkeiten führen.
Das Leben lässt jedes Kind hochbegabt auf die Welt kommen, doch wieso verlieren wir diese Schönheit nach der Zeit in der Schule, schon mal darüber nachgedacht?

Ja, ihr könnt uns Künstler nicht unter euren Reihen haben, wir möchten nicht in eurer Ordnung teilnehmen. Eure Künstler haben kein Talent, sie sind zu Beschult dafür.

„Schließlich bedeutet jedes Wissen einfach, sich selbst zu kennen."

Bruce Lee

Weshalb hat der Konservatismus und der Nationalismus in den meisten Ländern dieser Erde immer die Macht? Diese zwei zerstören die Einheit allen Lebens und lassen ihre Gesellschaften, wo sie ausgelebt werden rückwärts laufen.
Wertvolle Jahrhunderte gehen verloren. Man betet an alte Ahnen und Dogmen. Egal wie modern die Menschen aussehen mögen, trotzdem beugen sich viele dem Konservativen und dem Nationalismus in ihrem Kernwesen.
Doch wo die Seele die Geliebte eines Menschen ist, dort gibt es nur Fortschritt und den Blick zum weiten Ozean.

„Vergnügen hinterherzujagen verwirrt den Geist des Menschen. Die Liebe zu Reichtum verdirbt das Verhalten des Menschen."

Bruce Lee

Ihn wirst du überall antreffen. Beim Sport, in der Schule, auf den Straßen. Mal wird er ein Lehrer sein, ein anderes mal ein Professor. Mal wird er ein Arzt sein, mal ein Profisportler den du im Fernsehen sehen wirst.
Sie werden teure Autos fahren und gut Genährt sein. Doch dies alles kann sie nicht davor retten, Durchschnittsmenschen zu sein. Sie sind Durchschnitt, sogar noch weiter unten.
Hüte dich vor ihnen mein schönster Liebling. Sie richten viel Leid an in der Seele des Menschen. Lass dich nicht vergiften von ihnen.
Ich vertraue dir.

„Ich wage nicht zu sagen, dass ich irgendeinen Zustand der Vollendung erreicht hätte. Ich lerne noch immer, denn Lernen ist grenzenlos."

Bruce Lee

Liebste Mama,

wir kamen Arm auf diese Welt, welch ein Glück.
Wie hätten wir sonst so schöne Lieder singen können?
Wie hätten wir sonst solche schönen Liebesgeschichten erleben können? Auch wenn wir Schmerz und Ausgrenzung erfuhren, war es ein süßer Schmerz.
Er beförderte uns zu den Sternen der Lyrik. Wir dichteten von neuen Kontinenten. Jeden Tag gingen wir weiter Richtung Horizont. Wir hatten nichts zu geben als Liebe. Mehr besaßen wir nicht.
Wir lernten von Prof. Dr. Yasar Nuri Öztürk von Kemal Sunal,
Erich Fromm, Osho und Jiddu Krishnamurti.
Sie kamen aus dem Lande der schönsten Märchen. Mit Astrid Lindgren wuchsen wir auf. Zu Michel aus Lönneberga wurden wir. Mit William Shakespeare flogen wir von Traum zu Traum. Bei Friedrich Nietzsche fühlten wir uns verstanden und fanden Heimat. Wie schön, dass wir das Alles erleben durften.
Was braucht es denn mehr in diesem Leben?

„Es ist wirklich schwierig, Einfachheit zu vermitteln."

Bruce Lee

Dies ist eine Rede an die Massen. In kleinen Dingen bist du riesig. Dein Hass gegen die Schönheiten der Welt ist perfekt. Doch wie glücklich, ich spüre euren Schmerz und euren Hass.

Wehe dem der gleichgültig ist. Das Recht des Lebens lässt mich reden, von ihr nehmen wir die Inspiration.

Wenn die Reichtümer nicht umverteilt werden, wartet eine große Katastrophe auf die Menschheit Doch die Reichen und schulisch Gebildeten rücken immer näher zusammen. Sie wohnen in Siedlungen wo sie unter sich bleiben. Doch dieses Spiel wird nicht länger gut gehen.

Es ist nicht ihr Geld, es ist Unseres. Sie haben uns ausgebeutet. Unser Blut und Schweiß hängt daran.

„Je redseliger jemand ist, desto schneller ist er erschöpft."

Bruce Lee

Erst geben sie uns ein Problem. Sie bestimmen die Themen in den Medien und wir reden darüber. Es ist nicht unsere eigene Meinung. Wir haben *keine eigene Meinung* in dieser heutigen Zeit.
Sie bestimmen die Themen. Nach dem Problem lassen sie uns auf das Problem reagieren und sie schauen wie wir uns benehmen.
Damit analysieren sie unseren *Charakter*. Sie kennen uns besser als wir uns selbst kennen. Danach geben sie uns eine Lösung, die wir befolgen müssen.
Unfreier können wir nicht sein. Ich bin weder Optimist noch Pessimist. Ich zeige euch nur die Realität.

„Die ganze Welt war einheitlich für mich."

Bruce Lee

Weshalb vergessen die Menschen so schnell was in der Vergangenheit passierte?
Wieso ist man nur dem Wirken von Ereignissen beschäftigt, nur mit dem sichtbaren Symptom. Den Ursachen von Ereignissen möchten sich die meisten nicht widmen. Warum ist dies denn nur so? Frage ich mich ganz oft bei Tag und Nacht.

„Strebt nach dem unabhängigen Nachforschen, statt blind einem bestimmten Schema zu folgen, das andere festgelegt haben."

Bruce Lee

Wir sind hier auf Erden um wie die Kinderlein zu spielen.
Wir sind ein Meisterwerk der Existenz. Wir sind hier um zu singen, um zu spielen um Liebe zu machen. Wir sind Erfüllt.
Doch sie machen uns Angst, damit wir nicht spielen, sondern wie Maschinen arbeiten. Der moderne Mensch sucht Zuflucht in der Arbeit, weil er nicht kritisch denken mag. Ihm soll vorgeschrieben werden, was er zu tun haben möge.

„Wer einen vollen Bauch hat, kann nicht glauben, dass so etwas wie Hunger existiert. Das ist etwas, was man durchmachen muss, um es zu begreifen."

Bruce Lee

Weshalb nutzen die Menschen ihre Freizeit nicht sinnvoll? Wieso widmen sie sich dem toten Vergnügen und nicht der Schönheit von Lyrik, Philosophie und Poesie?
Kein Wunder, dass ihre Gesellschaften rückwärts laufen, gegen das Leben.
Die Kinder sind Genies, doch die Schule und die Wirtschaft lässt künstlerische Höhenflüge nicht zu. Etliche *Mozarts* und *Beethovens* gehen zugrunde.

„Die Kriege werden gegen die Armen geführt nicht gegen die Armut."

Doch wir Dichter sind von weiten Wegen gekommen, oh meine Liebsten. Höret zu meinen Worten.

„Man kann die Wahrheit nicht organisieren. "

Bruce Lee

Ihr beklagt euch über die da Oben, über die Politiker. Doch ihr habt keinen Grund zum Jammern, ihr möchtet nur die Verantwortung abgeben, von euch selbst ablenken.

Ja, diese Menschen wohnen auf der niedrigsten Ebene der menschlichen Evolution, doch sie sind nur ein Spiegelbild eurer Gesellschaft. Ihr macht sie zu Dem was ihr selbst seid. Sie sind nur ein Spiegelbild eurer Gesellschaft, der Habgier und Selbstsucht der Masse, des Volkes.

Wenn es wunderschöne Menschen bei euch geben würde, könnten solche Menschen nicht an die Macht kommen.

Dann wären Maler und Dichter eure Vorbilder. Wenn ihr die Macht hättet, würdet ihr genauso handeln wie die Politiker eventuell noch schlimmer. Eure Welt flieht vor dem Winter, wie vermocht ihr nun den Frühling erleben?

Eure Gesellschaft lebt in der Höhle, wie wollt ihr dann den Frühling erkennen und die schönen Blumen sehen?

„Ich muss dich jetzt verlassen, mein Freund. Du hast eine lange
Reise vor dir und musst mit leichtem Gepäck reisen."

Bruce Lee

Die Tiere sind das Gesicht Gottes, wie können wir sie so Grässlich behandeln?

Ihr Schmerz lässt meinen Körper schwach werden.

Ich kann ihr Geschrei spüren, beim Einkaufen im Supermarkt höre ich ihr Wimmern.
Wie können wir in so einer Welt nicht verrückt werden?
Wieso behandeln wir die Tiere so grausam?

„Das Nachdenken, die ästhetischen und wissenschaftlichen
Aktivitäten sind gleichbedeutend mit einer Suche nach dem
Gespräch und der Vereinigung mit dem Schöpfer. Sie sind also die
vortrefflichsten Formen des Gebets."

Yasar Nuri Öztürk

Nein, die Schaffenden leben nicht für sich selbst. Niemals. Ihr gesamtes Schaffen dient dem Menschen, dass er Mögen finde zur Einheit des Lebens.
Doch, die femininen Kräfte, das Weibliche, Zarte wird auf der Welt meistens ausgegrenzt.
Der weiße Mann ist am Freveln. Sein Übermaß an Besitz lässt Kinderherzen traurig werden.
So haben die Armen, ein Anrecht auf das Vermögen des Reichen.
Die Menschen konsumieren mehr als dies, welches notwendig ist zum Leben und so entstehen Ungerechtigkeiten.
Ein Wirtschaftlicher Aufstieg, der zu Leid, Ausbeutung und zum Unglück des Menschen führt ist sinnlos.

„Der Koran ist nicht lediglich ein Glaubensbuch im klassischen Sinne. Denn er legt Wert auf Weisheit, Philosophie, Kunst und soziologische Wissenschaften."

Yasar Nuri Öztürk

Mal ist es Frühling und dann wieder Winter. Schnee und Sonne, Tränen und Lächeln, schallendes Gelächter und wimmerndes Seufzen in bunter Mischung. So schreibt´s die Geschichte der Welten.

„Gott verändert nicht die Lage eines Volkes, solange nicht die einzelnen Menschen ihr Inneres verändern."

Koran, Sure 13, Vers 11

Nein, wir Liebenden akzeptieren die Existenz einer Religionskaste nicht. Es gibt weder ein offizielles Gotteshaus oder gar eine offizielle Kleidung in der Religion.
Die gesamte Erdoberfläche ist ein Gottes und Gebetshaus.
Die Überlegenheit der Dichter liegt darin, dass sie den Weg der Poesie gehen. So lobpreisen alle den Schöpfer. Himmel und Erde und alle, die sich dort befinden. Tiere und Pflanzen singen die Lieder Gottes. Sie zu verachten bedeutet Gott zu töten, das Göttliche.
So sind all die Erfahrungen, die der Mensch auf Erden machen soll nur ein Schleier auf dem Weg zur Liebe. Doch wieso sind wir nicht glücklich in der Fülle der Dinge?

„Die Musik ist die gemeinsame und universelle Sprache der Menschheit. Und sie ist Sprache der Schönheit, der Liebe und der Unendlichkeit, die keiner Übersetzung bedarf."

Yasar Nuri Öztürk

Weshalb läuft die Masse der Menschen stets zu allen Zeiten zu den trüben Gewässern? Zu den finsteren Bereichen und den schmutzigen Hütten um dort zu leben?

„Zu wissen, aber so zu sein, als wüsste man nichts, ist der Gipfel der Weisheit."

Bruce Lee

Die schönsten Werte und Werke wurden von eurer Welt verschmutzt.
Wo sind all die schönen Kindergeschichten hin? Die Märchen?
Eure einzige Religion ist geworden dem Geld zu dienen.
Ich hoffe, dass Gott bald einschreitet und dies alles ein Ende hat.
Die großen Konzerne vergiften uns, sie kontrollieren uns und vergiften unsere Gehirne. Sie kennen uns besser, als wir uns selbst kennen.
Die Magie der Schönheit ist durch die Technologie zerstört worden, die Magie der Natur, der Kinder, der Gedichte.
Doch meine Werke fordern euch auf.
Bringt die Magie wieder zurück ins Leben. Vor wem haben wir Angst? Wir sind nicht unser Körper. Nur ganz alleine können wir Bestehen. In einer Gruppe haben wir keine Chance diese Welt zu bessern. In Gruppen vergiften sie uns.
Wir sind Gehorsam irgendwelchen blinden Führern. Wir machen uns auf den Weg alleine. Das Kerzenlicht unser Führer.

Das Lächeln der Bauernkinder unser Gebet.

„Was wir brauchen, sind ein paar verrückte Leute. Seht euch an,
wohin uns die Normalen gebracht haben. "

G.B.Shaw

Die Bedürftigsten an Liebe, jene die die Liebe verachten werden an
die höchsten Positionen gestellt im Berufsleben, in der Politik und im
Sport.
Die Bedürftigen führen uns, sie sind nicht Liebend!
Die Liebenden werden verachtet.

Wieso?

„Und aller Zeiten, aller Dichter Lied."

Rabindranath Tagore

Wieso verehrt ihr jene, die euch Feind sind? Weshalb macht ihr den Menschen das Leben schwer, die um euch besorgt sind? Warum macht ihr dies?

Der Sadismus der mittleren und oberen Klasse nicht mehr zu ertragen.
Unser Anliegen, der Schutz des Lebendigem im Kinde und der Tiere.

Nein, weder möchte der Verfasser dieser Zeilen euch überzeugen, noch gewinnen. Die seelische Pest das Schicksal dieser Tage unter euch.
Mein Fehler war, zu denken, ihr wäret genauso gütig wie die Art und Weise zu denken, wie ich es tat.
Welch ein Narr war ich nur?
Der Durchschnittsmensch, die Mitläufer sind die größte Gefahr für diesen Planeten.
Denn Liebende beanspruchen keine Macht, doch der Durchschnittsmensch beruht auf Macht. Sein Durchschnitt, seine niedere Art zu leben führt zu Leid im kollektiven Aspekt.

„Gemein jene Gesellschaft, in der die Fühlenden Wesen leben müssen. Es ist deine Ära kleiner Mann, beglückwünsche dich. Klein dein Horizont, fernab wahre Schönheit. Deine Vergangenheit ist furchtbar. Weltkriege und Atombomben deine Werke, heute sind es Pandemien und die digitale Diktatur. Du bist so klein, dass du keine Kritik ertragen kannst."

Burak Tuncel

Nein, ich lasse mich von dir nicht belehren, es wäre nicht ehrlich. Ich höre dir bereits zu, seit fünfunddreißig Jahren. Doch, empfinde ich keine Schönheit in deinem Geiste. Deine Augen blicken ängstlich. Du hast Angst vor dir selbst. Du verachtest dich selbst, wie soll ich dir nun weiterhelfen?

In deiner Verachtung, denkst du alles besser zu wissen. Du bist das schlimmste was der Welt passieren konnte. Vor dir habe ich keinen Respekt. In deinem Handeln machst du uns alle zu Sklaven.

Deine Herde fürchtet zu wissen, sie verdeckt ihr Kleinsein durch Masken. Ihr beugt euch nieder vor Wesen ohne Liebe, die euch leiten und lenken.

Im Diesseits beschuldige ich dich zur Tötung von der Schönheit auf Erden. Doch ihr möchtet einfach nicht die Wahrheit über eure Schafsherde hören.

„Aller Vögel Gesang starb hier in diesem Lande."

Burak Tuncel

Durchschnittsmensch, merke dir eines. Das Leben kann dich nicht ausstehen. Es weint um dich.

Ja wir Boten des Lebens, die wir gesandt wurden, kämpfen und streiten für dich, dass es dir eines Tages besser gehen möge.

Doch deine Masse und die Führer davon zerstören meine Werke. Sie schickten mich ins Exil. Und ihr wollt in euren Schulen von Moral und Ethik lehren? Tut ihr euch selbst nicht leid?

Du bist stumm und siehst alles, doch bald wirst du Opfer von den Oberen sein. Ja, ihr kennt all die bösen Menschen und Führer der Welt besser, *als Shakespeare*, *Nietzsche* oder *Rumi*. Ihr schenkt den bösen Menschen euer Gehör. Ihr betet die Profisportler an, sie sind die kleinsten Menschen unter euch und ihr macht sie zu" kleinen Großen".

Deshalb werde ich aufhören für deine Freiheit sterben zu wollen. Du verdienst es einfach nicht. Die Kleinen unter euch werden zu Politikern und zu Leitern der Industrie. Sie sitzen in Behörden und herrschenden Gremien. So erzeugst du deine Herren und wir bekommen keine Luft in deiner Welt.

Diese Führer verachten dich Durchschnittsmensch. Deshalb ist dein Gesicht ohne Antlitz. Ihr macht die kleinen Menschen zu großen Führern. Es ist euer Werk. Hört auf euch zu beschweren.

„Ist dies wahr, du hast meine Augen vergessen?"

Burak Tuncel

Ihr jubelt den Leistungssportlern zu. Habt ihr noch alle Tassen im Schrank?
Einen *Vincent Van Gogh, Nietzsche* oder *Jesus* aber tötet ihr.
Heute bin ich und meine Werke an der Reihe.
Ihr tragt die bösen Menschen zur Macht und sie verachten euch.
Ich habe so große Angst vor dir kleiner, weißer Mann.

Deshalb meide ich dich auf meinen Spaziergängen.

Ich blicke auf den Boden. Ins Visier deiner Augen zu kommen könnte den Tod für meinen Geist bedeuten. Du bist krank, Mensch des Durchschnitts, sehr krank. Du duldest Unterdrückung. Diese Werke sind deine Heilung, doch du ignorierst sie einfach.
Ihr habt hässliche Menschen, die keine Liebe besitzen zu Führern gemacht auf allen Ebenen und dabei uns Liebenden erschlagen, verhungern lassen und am Ende gekreuzigt.

Ihr verdankt den Liebenden solch schöne Werke, doch wem sag ich dies? Dein Ohr taub für die seligen Düfte der Lyrik.

„Mit Tränen und Liedern beginnt an diesem Tag mein
Gottesdienst für dich. "

Rabindranath Tagore

Ja, arm der Geldbeutel dieses Dichters, doch wenn die Lehre in diesen Büchern wahr ist, wird sie sich von selbst verbreiten.
Ihr rennt sofort zum Anwalt wenn eure Ordnung von der Liebe bedroht wird.
Der Anwalt, euer Priester der Inquisition. Ihr sollt die Liebe erleben, somit würde die Ausbeutung auf der Welt ein Ende nehmen. Eure Kinder und Jugendliche sollen voller Liebe aufwachsen, doch dies möchte nicht euer kleines Dasein. Sehr große Angst vor dir habe ich kleiner Mann der Massen. Deine Art zu leben, deine Ignoranz ist sehr gefährlich für des Menschen Sohn.
Es ist deine seelische Krankheit, die Mutter Natur weinen lässt. Du hast keinen Sinn für die wahrhaft Großen. Für ihre Mission, für ihr Leiden um dich. Sie Toben und Kämpfen um dich zu befreien vom Kleinsein.
Du siehst sie als Fremde.
Wie einfach machst du es dir nur? Doch deine Kinder werden einen hohen Preis für dieses falsche Spiel bezahlen. Ihr Geist wird weiterhin verkümmern.
Die Technologie zerstört euch in dieser Zeit. Du hast Angst vor den Liebenden, vor ihrer Wärme und Lebensliebe.

„Eure Kinder werden an euren Gräbern nicht Schönes über euch sagen, da ihr die Schönheit im Leben gekreuzigt habt. "

„Ich will dann in Flötenmelodien durch den Himmel auf und nieder ziehen und bei dir sein, in jeder Arbeit fern und nah."

Rabindranath Tagore

Wir Liebenden möchten euch nicht leiden sehen. Die Art wie ihr lebt ist grausam. Ihr seid Arbeitstiere geworden, andere werden Reich wegen euch. Deswegen meide ich dich, Durchschnittsmensch.

Ihr stempelt uns ab als Geisteskranke. Denn unser Ziel ist es nicht materiell Reich zu werden oder Karriere zu machen.

Der Liebende möchte in deinen leeren Gesellschaften nicht leben.

Er gibt sein weniges Geld aus für wissenschaftliche Forschung, er opfert seine Gesundheit für dich und was machst du?

Deine Normalität ist schwer erkrankt, weil der liebende Geist da nicht hinein passt, stempelst du ihn als Geisteskranken ab. Dies ist deine Versklavung im 21. Jahrhundert.

Der Liebende ist voller Liebe um dich, er opfert sein Leben und sein weniges Geld für dich.

Doch du treibst ihn raus aus dem gesellschaftlichen Leben. Wer bist du nur? Mit deinem falschen Denken und hässlichem Handeln führst du dazu, dass Liebende sich von dir abwenden. Die Weltkriege sind noch das Werk deiner Vorfahren. Die Atombombe ist das Werk von Gestern und du denkst, du seist Modern?

In die Einsamkeit drängst du die Dichter, die wahren Künstler und die Scharlatane macht ihr zu euren Künstlern des Staates.

Hast du dich jemals gefragt, was du damit alles Anrichtest?

„Daher ist jede Gesellschaft gegen Liebe.“

Osho

Ihr treibt uns in die Einsamkeit und gebt uns danach die Schuld dafür. Ich könnte fluchen über euch, doch auch dies seid ihr nicht Wert.

Eure Worte verletzen die Liebenden, sie sind zart und empfindlich, sie können euren harten Wortschatz nicht ertragen.

Doch wir sehnen uns nicht nach Rache oder Hass. Auch dies ist dir fremd, ich weiß. Da du ja voller Hass bist.

Wehe denn, euch wäre etwas zugestoßen wie es den Liebenden passiert ist. Die ganze Welt hätte gebrannt durch euren Hass. Die Pandemien zeigen euch nur, dass ihr sehr viel Karma an den Liebenden angesammelt habt. Eure Missetaten an ihnen sind nicht verheilt.

Ihr werft feinfühlige Menschen auf den Boden und möchtet ihnen den letzten Tritt verpassen.

Deshalb möchten wir eure Freundschaft nicht, sie würde uns töten.

Nach deinem Munde zu reden, liegt uns nicht. Deine Tugenden sind zerstörerisch und nicht für uns geeignet.

In deiner Nähe bekommen feinfühlige Menschen keine Luft, Durchschnittsmensch. Denn du erstickst die Liebe in deinen Einkaufszentren und Banken. Wir machen Erfindungen, doch ihr sagt, geht doch Arbeiten wie auch jeder normale Bürger.

Ich sage dir Mensch der Massen, du hast den Sinn für das Leben noch nicht entdeckt. Ihr möchtet einfach klein bleiben.

„Weil die Wissenschaft so dominant geworden ist, ist die Kunst fast verschwunden, sie hat die Lebendigkeit verloren. Alles wurde von der Wissenschaft vereinnahmt. Daher all die Langeweile auf der Welt.“

Osho

Ihr bettelt um Liebe und Glück in euren Beziehungen, doch die Sicherheit ist euch wichtiger. Wie wollt ihr nun zur Liebe finden? Dein Leben, welches ich sehe, dein Marktplatz wo alles stattfindet löst Trauer aus in lebendigen Herzen.

„Doch du lachst über das geschriebene hier, machst dich lustig, Damit du diese Trauer nicht spüren musst. Mit Alkohol und Drogen betäubst du dich.“

Du fliehst vor dir und vor mir. Ich bestimme selbst wer ich bin, und nicht eure Schubladen. Der Siegesgeschrei des Kapitalismus und des Geldes betäubt deine Vernunft und lähmt dein schöpferisches Dasein. Hart, steif, ohne Leben deine Lehranstalten, wo Kinder Herzen weinen und am Ende sterben.
Du weißt nicht was Liebe ist. Du begreifst überhaupt nichts. Übervoll unsere Herzen, wann diese Zeilen. Doch wieso verachtet ihr uns? Dein Liebesglück hast du mit der Technologie verwechselt. Sadistische Beamten erziehst du in deiner künstlichen Welt und wir leiden.
Du frisst selbst auf dein Glück, Durchschnittsmensch. Wir Poeten arbeiten ein Leben lang für unsere Gedichte. Doch ihr wollt die harte Arbeit nicht sehen.

*„Die Wissenschaft lebt von Logik, die Poesie lebt von Liebe. Poesie
ist ein liebevolles Herangehen an die Existenz. Wissenschaft ist eine
Art Vergewaltigung, Poesie ist eine Liebesgeschichte."*

Osho

Ich habe nichts zu bieten, was Geld betrifft. Ich gebe aus meiner
eigenen Tasche die Gelder für diese Werke und Analysen. Denn die
Sorge ist um euch, möget ihr zur Liebe finden.
Da ihr keine Liebe habt, seid ihr von Krankheiten umzingelt, von
Pandemien und Seuchen.
Gedichte können euch heilen, doch eure Gesellschaft verleugnet die
Seele.

*Doch was ihr sagt ist nur. „Er ist ein Ausländer." Eine andere These habt ihr
nicht.*

Ihr fresst die Heuchelei voller Gier. Begreift ihr denn nicht wieso das
Glück euch nicht auserwählt zu ihren Jüngern?
Du würdest die Liebe fressen, wenn du sie zu Händen bekommen
würdest, deshalb rennt sie euch und euren Gesellschaften davon.

Die Gier des Durchschnittsmenschen

„Die Welt ist voller Menschen die Probleme machen. Für solche Ambitionen hat jemand, der dem Tao folgt, nichts übrig. Er lehnt alle Formen von Überheblichkeit und Konkurrenzdenken ab."

Bruce Lee

Grenzenlos der Hunger und die Gier des Durchschnittsmenschen. Er würde alles fressen falls er könnte. In den Schulen werden die Habgier und die Gesetzte der Wirtschaft gepredigt.
Wenn der Mensch satt wird an schön gedeckten Tischen, dann wird er am Barbarischsten.
Es sind die Satten auf der Welt. Jene die aufgrund ihrer Habgier und perfiden Ideen die Welt und die Mutter Natur verpesten.

Ja, Gedichte können heilen, sie sind die Sprachen der Liebe. Sie heilen die Seele des Menschen auch wenn eure Wissenschaften an den Universitäten dies leugnen.

Ich bin Entdecker dieser poetischen Wissenschaft.
Noch nie zuvor redete man über diese Sachen wie ich es tat.
Die Geschichte sei mein Zeuge.
Doch du weißer Mensch, du achtest jene, die dich Verachten.
Nach unserem Tode macht ihr unsere Werke zu Waren die man kaufen kann und ihr verkauft die Kunst für das Geld.

Nach unserem Tode macht ihr uns zu Genies, doch als wir lebten waren wir Geisteskranke für euch. Doch eure Kinder werden dieses perfide Spiel durchschauen was die Eltern verübt hatten.

*„Die Gesellschaft, die Schulen und Universitäten lehren
Wissenschaft. Die Poesie fehlt. Niemand schenkt ihr Beachtung,
weil sie keinen Marktwert hat."*

Osho

Die Prominenten von euch sind beschränkt im Geiste und von euch gestutzt und zurechtgemacht. Sie stellen keine Gefahr dar für eure Hierarchien.

Doch um die große Entdeckung von Werten, jene Menschen die das Leben voranbringen, sie stellt ihr in die dunkle Ecke, dass sie nicht gehört werden.

Eure Herde tut dies, die du mit Speis und Trank zum Vergnügen betrügst. Mechanisch sind eure Gesellschaften. Alles hat eine Ordnung und Routine. Eure Maschinen töten jeden Tag Millionen von Tieren um sie zu verschlingen an euren geschmückten Tischen. Eure Vorbilder sollen brav sein, mit Maß und Anstand. Gezähmte Durchschnittsmenschen. So bist du halt weißer Mann. Du kannst essen und verschlingen, doch du kannst nicht Erschaffen und schöpfen aus der mystischen Quelle. Deshalb bist du ein Leben lang im Büro, an einer Maschine oder ein Lehrer der den Kindern alles andere außer die Liebe beibringt. Ihr habt keine Entwicklung.

Die Technologie deutet auf keine Entwicklung. Denn ihr seid nur am Nehmen und Konsumieren.

Die wahren Künstler erschufen, du beklautest ihre Werke. Leer und impotent dein Geist um Erschaffen zu können.

„Kummer ist unser bester Erzieher. Durch eine Träne hindurch
kann man weiter sehen als durch ein Teleskop."

Bruce Lee

Ihr habt Angst vor dem vor dem Teilen.
Ihr füllt euch voll mit Besitztümern, deshalb seid ihr unglücklich.
Ewiger Konsument von Objekten zu sein, dein Schicksal.
Meine Zeilen lösen noch mehr Angst aus in deinen Augen.
Du möchtest, dass nur dein Lebensstil für Heilig erklärt wird.
Du bist nicht offen für andere Kulturen.

„Doch merke dir eines, ich bin dein Freund. Nicht dein Feind."

Ihr werdet von Feinden geführt, sie haben keine schönen Lieder,
jeglich Konsumgüter anzubieten. Doch ich sage dir, Liebe kennt
keine Grenzen und Nationen, keine Uniformen.
Es ist von universeller Natur.
Du schreist und benennst mich als Fremden, wenn ich dir diese
Zeilen schreibe. Dies ist die einzige Antwort die du hast.
Doch wer ist hier wahrhaft der Fremde?
Lautlos wirst du von dieser Welt gehen, ohne schöpferische Werke zu
hinterlassen.

Im Kampfe gegen die Narren

„Wir sind so gern in der freien Natur, weil diese keine Meinung über uns hat."

Friedrich Nietzsche

Im Kampfe zu sein mit der Dummheit ist zermürbend. Ich beobachte wie die sanftesten Menschen ganz brutal werden, da sie nicht anders können.
Die Dunkelheit der Masse bringt sie dazu. Diese Unvermögenden haben viel Vermögen, doch kein Licht in ihrem eigenen Herzen.

„Wenn man frei von Tradition ist, hat man keine Vorurteile."

Bruce Lee

Du baust Maschinen und tötest Millionen von Küken in deiner Welt.
Diese wundersüßen Geschöpfe, wie kannst du dies nur tun?
Deine Maschinen sind nur ein Instrument deiner Gewalttätigkeit gegen das Leben.
Ich schreibe und rede von diesen Dingen doch ihr sagt.

„Er ist ein Fremder, ein Ausländer, sein Wort ist nichtig bei uns."

Dies ist die einzige These die ihr habt. Ihr seid ignorant, weil ihr Angst habt. Das Töten der Tiere geht leider bei euch mit brutalster Härte immer weiter.
Du hast erst Sokrates ermordet, dann Osho vergiftet. Deshalb steckst du weiter im Dreck, keine Liebe in deiner Welt. Armer, weißer Mann.
Du mordest auf psychischer Ebene die schönen Geister dieser Welt. Sie stören deine gewalttätige Ordnung. Die Rollen sind verteilt.
Ihr möchtet meine Bücher nicht veröffentlichen und ignoriert sie einfach. So habt ihr es stets mit den Boten der Liebe getan.
Ihr wollt Sicherheit, eher ihr Wahrheit möchtet zu haben.
Dies ist gegen die Gesetze der Physik. Solange ihr die kleinen Männer ehrt, die keinen Fortschritt bringen, wird eure seelische Pest fortgeführt werden.

„Unter dem Himmel gibt es nur eine Familie."

Bruce Lee

Ich schreibe von Liebe, doch du siehst dies als einen pornographischen Akt. Ihr versteht alles nur aus eurer eigenen Bewusstseinsebene. Es hat etwas mit der Resonanz zu tun.
Du weißt nicht, wovon ich rede, weißer Mann.
Dazu musst du noch öfters auf die Welt kommen.
Ihr habt keine Liebe erlebt doch arbeitet ihr in den höchsten Positionen und macht die Menschen und die Tiere krank.
Aus deiner Unfähigkeit zu Lieben hast du diese Gesellschaft errichtet.
Die Unfähigkeit zu Lieben ist deine schönste Tugend.
Deine Seele stirbt in deiner Welt großen Massen.
Deine Zivilisation wird an der Geldsucht zusammen brechen, es ist bereits im Gange, ganz bald.

Viele einsame Lehrer haben dich gewarnt, haben dir Blumen gebracht, Gedichte vorgelesen.

Doch du hast dem kleinen, weißen Mann zugehört.
So hast du deine Kinder in die seelische und körperliche Pest geführt.
In deinen Schulen hast du die Liebe in deinem Kind erschlagen, du hast einfach keinen lebendigen, freien Ausdruck.
Denkfeige werden deine Kinder erzogen.

Du kannst keine freie, natürliche Bewegung dulden.

Falsche Wahl

Du hattest die Wahl zwischen *Nietzsche*, *Sokrates*, *Van Gogh*, *Erich Fromm*, *Shakespeare und Rumi* um einige zu nennen.
Doch du hast dich stets zu allen Zeiten für die Untermenschen entschieden.
Das Heute ist nur ein Ergebnis deiner grausamen Vergangenheit. Millionen von Menschen wurden vergast und heute werden Millionen von Tieren umgebracht. Wo ist deine Stimme? Ich kann dich nicht hören. Weshalb bist du nur so?
Ich weine um dich, doch du bist nur am Vergnügen der Welt interessiert.

Du lässt deine Freunde leiden, die um dich leiden und verehrst die kleinen weißen Männer und Frauen.

Du stiehlst die Liebe der nächsten Generationen.
Viele von euch halten nur Hunde um Herr über sie zu sein, nicht aus Tierliebe. Du hast einfach Angst vor der Schönhcit.

„Jeder Schritt von heute ist dein Leben von Morgen."

Wilhelm Reich

Schöne Sachen können nicht durch Gewalt, mit gemeinen Mitteln entstehen.
Doch was du zerstörst, wird kräftiger denn je Blühen.

Die Werke der großen Maler, Dichter und Lyriker leben weiter. Mit euch ist es nach dem Tode vorbei.

Denn du kriechst vor denen, die dich verachten, und bist nicht dankbar den Dichtern und Philosophen. Alles in deiner Welt steht auf dem Kopf und du denkst so wird alles gut werden.
Du stiehlst unsere Werke und verkaufst sie für weltliche Begierden. Um deine Seelennot zu heilen sind die Künstler hier, doch du bist elend. Ich habe eine neue Wissenschaft in meinen Werken vorgestellt und begründet, die dein Leben schöner machen soll.

Doch in deiner Welt ist die Liebe gesetzeswidrig, doch sich gegenseitig zu mobben ist erlaubt.

Was sagt ihr also. *„Jagt ihn aus unserem Lande, macht ihm die Existenz hier unmöglich, er ist gegen unsere kleine Ordnung."*

Was ist der Staat?

Nietzsche fragte in seinem Zarathustra was der Staat sein möge.
Nun kläre ich euch auf was ein Staat, die Staaten, die Regierungen sind. Sie streuen die seelische Pest, um dies zu verwirklichen benutzen sie die Schulen und ihre kleinen Richter.
Sie verachten ihr eigenes Volk. Nein, sie verwalten nicht das Recht des Volkes sondern ihrer eigenen Karriere. Doch sie sind ganz Klein.
Deshalb werden wir mit euch nie an einem Tisch sitzen können. Gleichgültig ist der Staat für die Armen.
Der Staat war noch nie an Freiheit interessiert.

„Die Menschen gehen politisch nach links und nach rechts oder zu den liberalen Kurtisanen, aber keinen Millimeter Vorwärts."

Burak Tuncel

Du hängst zu sehr am Besitz und dem Geld fest. Du hängst zu sehr fest am Denken des Christoph Kolumbus, nein es ist die einzige Art zu denken und Leben bei dir.

Aus deiner kranken Natur, deiner abscheulichen Gier ist es heute wie es ist. Eine narzisstische Gesellschaft wurde geschaffen nach dem Vorbild des barbarischen Christoph Columbus.

„Ja, wir wollen dass unsere Töchter und Söhne offen sich ihrer Liebe freuen, und nicht, wie du möchtest, auf Hintertreppen und hinter Zäunen."

Wilhelm Reich

Wieso schützen deine Gesetze nicht die Mutter Natur?
Weshalb verpesten deine Konzerne die Luft und das Wasser?
Doch du wirst die Ergebnisse deiner Handlungen mit Schmerzen erleben und ertragen die dir dein Denken und dein Profit gebracht haben. Deine Kinder werden sich deiner Geschichte wieder schämen, wenn sie keine Luft mehr bekommen oder an verschiedenen Krankheiten sterben werden.
Deine Eigenart zu denken schadet Mutter Natur. Deine Meinungen und Gedanken sind Klein.
Wenn die Liebenden mit der Liebe kommen, greifst du sofort zum Gesetz.
Du bekommst Angst.
Nichts macht dir mehr Angst wie Menschen die sich lieben. So kannst du sie nicht mehr spalten und teilen. Dein Blick und dein Denken sind falsch gerichtet. Du machst alle kleinen Groß und wunderst dich dann wenn es auf der Welt permanent Kriege gibt. Deine Alten sterben weiter an gebrochenen Herzen und die Jugend pumpt sich weiterhin voll mit Drogen und Alkohol weil sie keine Liebe verspüren in deiner Welt. Deine nächsten Generationen verkümmern, doch du weißer Mann schreist immer noch, es lebe diese Kultur und die Technologie.
Mit offenen Augen schaufelst du dein eigenes Grab. Ja, ich gab dir Ratschläge, doch du bist nicht in der Lage sie in Tat zum Wohle aller umzusetzen. *Du bist nicht am Wohle aller interessiert.*

„Wer spirituell Arm ist, sucht nach äußerer Sicherheit. Je ärmer wir innerlich sind, desto mehr versuchen wir, uns äußerlich zu bereichern."

Bruce Lee

Die Volkslieder, sie sind heilsam und sie sind gleich überall auf der Erden. Ja, in diesen Liedern entdeckte meine Wissenschaft die Gesetze des Lebendigen, der Reinheit, der Schönheit.
In meinen Werken habe ich das weite Reich des Lebendigen in dir, deines unendlichen Wesens eröffnet.
Dies solle sein mein Lohne vor der Dialektik der Geschichte.

„Ich pflanzte das Panier der heiligen Worte in diese Welt. Wenn längst der Palmenbaum verdorrte, der Fels zerfällt, wenn längst die strahlenden Monarchen wie faules Laub im Staub verwehn. Tragen durch jede Sündflut tausend Archen mein Wort. Es wird bestehn."

Wilhelm Reich

Hört auf Tiere zu schlachten und genüsslich zu verzehren. Jedes getötete Tier bedeutet noch mehr unglückliche Augen bei euch Menschen. Euer Essen ist ohne Liebe, deswegen findet ihr keine Liebe in eurem Leben. Höret endlich auf Tiere zu quälen und zu Essen. Solange noch ein einziges Tier auch nur leidet, wird keine schöne Welt entstehen können.

„Ich falle auf die Knie und flehe euch an. Beendet euer grausames Treiben."

„Stellt meine Worte auf den Prüfstand. Denkt daran, dass ich kein Lehrer bin. Ich kann lediglich ein Wegweiser für Reisende sein, die sich verirrt haben. Es ist eure Aufgabe sich für eine bestimmte Richtung zu entscheiden."

Bruce Lee

Trotz all deiner Schikanen war ich dir ein treuer Diener.
Deine Zivilisation hat mich als Wahnsinnigen verklärt.
Ich brachte dir die Gesetze des Lebendigen.
Doch du wolltest lieber auf die Maschinen hören.
Deine Kinder werden mir folgen, du wirst sehen, denn Kinder leben stets das Lebendige, bis zu dem Tag, an dem du sie in die Schule schicken wirst, und sie ihre Unschuld verlieren werden.
Ich wollte im weißen Mann das kosmische Wesen eröffnen.
Dies war meine Mühe, damit kein Kinderauge mehr tränt, doch scheine ich gescheiter zu sein an der Ignoranz und Arroganz des weißen Menschen.

Sterne und Bäume

„Ein Lehrer deutet auf die Wahrheit statt sie zu verkünden."

Bruce Lee

Gerechtigkeit bedeutet die Mutter Natur in Ruhe zu lassen, damit sie aufblühen kann.

Denn die Sterne und die Bäume sind stets im Gebet. Ungläubigkeit bedeutet die Mutter Natur zu zerstören, die Tiere in Schlachthäusern zu töten um sie dann zu verschlingen.

Ihr fällt die Bäume und baut dafür Einkaufszentren und wollt dann den Menschen Glück und Frieden versprechen.
Auch wenn die Masse, die Herde dieses Versprechen euch abnimmt, könnt ihr mich nicht täuschen.

„Ja, meine Bücher sind ein Todesurteil für die Reichen und Mächtigen und jene die es werden möchten."

„*Wenn man ohne innere Erfahrung irgendwelche Techniken erlernt,*
führt das nur zur Oberflächlichkeit."

Bruce Lee

Das Laufen ist eine Lebensphilosophie.
Wir schreiben mit unseren Füßen nicht mit dem Stift.
Nur beim Laufen kann man schreiben, dort kreisen die Gedanken.
Das Leben ist stets in Bewegung.
Es gibt nichts Festes, denn das Leben hat keine Grenzen.
Die freie Bewegung des Geistes ist die Essenz des Lebens.
Doch Gewalt und Aggression ist heute großer Teil des Alltags.
Deshalb kann man nicht so tun, als ob die Gewalt nicht existiert.

Mit den Geschmeidigen ist das Leben. Die Starren werden untergehen.

So ist das Leben selbst unser Erzieher, nicht eure technologischen Gesellschaften. Zu leben bedeutet kreative Werke zu schaffen, mit dem Fluss des Lebens zu fließen. Ganz schlicht und bescheiden ist ein seliges Leben, wo man in der Mitte bleibt.

„Denn das Leben ist zu kurz für negative Energie."

Bruce Lee

Nichts steht still, so sollten auch unsere Wissenschaften dem Gang des Lebens dienen und nicht der Macht und dem Profit.
Die Geschichte wird jenen nicht vergeben, die mit der Gesundheit der Menschheit und dem Planeten gespielt haben.
So lasset das Fenster offen für die Liebe und pfercht euch nicht ein in die Großstädte wo ihr in Massen untergehen werdet.

„Die Konditionierer bestimmen die Themen und das Volk reagiert darauf. Dies ist keine eigene, freie Meinung. Es ist ihre Meinung."

Alle Gegebenheiten habe eine tiefe Ursache im Kern. Das Gesetz von Ursache und Wirkung. Doch die Ursache bekommt nicht die gleiche Realität und Aufmerksamkeit wie die Wirkung. Der Geist muss zur Ruhe kommen um wirklich die Blumen riechen zu können.
Die Konditionierung lässt den Geist versklaven.
Wenn in einer Gesellschaft die höchste Priorität der Wettbewerb ist, dann gewinnt nicht der Sieger dieses Konkurrenzkampfes, *sondern alle verlieren zusammen.*

„*Durch Selbstbildung entstehen großartige Menschen.*"

Bruce Lee

Der ehrgeizige Geist wird in den Lehranstalten und im Sport gelehrt. So sterben all die Schönheiten der Welt und Gewalt ist die Folge. In den großen Städten sieht man die fatalen Folgen des Wettbewerbs und Konkurrenzdenkens. Weshalb verlassen die Menschen die ländlichen Regionen und ziehen in die Städte, und der Geist verfault dort? Die Großstädte erlauben nicht voll und ganz wir selbst zu sein. *Bei jeder körperlichen Handlung ist eine mentale Bewegung vorhanden.*

„Mit dem Jahreseinkommen eines der zehn reichsten Amerikaner
könnten alle Obdachlosen in den USA für ein Jahr würdevoll
untergebracht werden.“

Ilija Trjanow

Millionen von verletzten Kindern leben in erwachsenen Körpern.
Dies kann ich betrachten. Die Lieblosigkeit in der Kindheit lässt diese
Gesellschaft voller Härte und Gewalt entstehen.

Vor dem Fernseher geht die Menschheit unter mit einem Bier in der
Hand, den Mund voller Popcorn. Dies ist das letzte Bild des Dramas.
In einer Welt wo zunehmend die Automatisierung bestimmen wird,
ist es sehr schwer seine menschliche Liebe zu bewahren.
Der Krieg der heutigen Tage heißt.

Es gilt die Armen zu bekämpfen, nicht die Armut.

So denkt der weiße Mann.

„Bildung besteht in der Kultivierung von Intelligenz, nicht in Schlauheit, dem Bestehen von Examen und so weiter."

Bruce Lee

Für Sentimentalitäten ist kein Platz in dieser Welt. Die Mittelschicht solidarisiert sich mit dem Reichen, diese Prostituierten. Ihnen verdanken wir die Ungleichheit.

Sie sind Kurtisanen der Reichen!

Wer jemanden heutzutage ohne Zweck, selbstlos hilft, ist eine Null in dieser Gesellschaft. Wer am Rande des Mülls lebt, wird nicht als Mensch wahrgenommen. So lebe ich aus den Ärger und Zorn über diese Bilder. Jeder Ärger sollte fließen, denn sonst verwandelt es sich in Sadismus, Machttrieb und andere Formen von alltäglicher Folter. Wissen erzeugt das Schöne aber auch Leid weil man dann mit der Gesellschaft in Konfrontation kommt.

„Im Regen spazieren lehrt uns sehr viel."

„Meine Frau ist das größte Glück, das ich je erfahren habe, nicht die Todesfaust des Cheng Li."

Bruce Lee

Das märchenhafte Leben, ist unser Weg. Wir kennen keinen Anderen.

Sie geben uns die Angst, damit wir die Märchen nicht erleben sollen.

Damit wir uns an ihre machthungrigen Leute wenden sollen.
Damit ihre Traditionen bestehen bleiben, die ohne Liebe sind.

Ja, die Märchen zerstören ihre Autoritäten. Der oberste Gerichtshof für uns sind die Märchen von Astrid Lindgren.

Eure destruktiven Werke haben kein Gehör bei uns.
Denn wahres Leben bedeutet für andere zu Leben.
Man sollte niemals jemanden vergessen, der einmal gut zu einem war.
Ja, wir Träumen von Märchen, noch sind sie nicht zu sehen im Alltag,
doch diese Träume werden die Realitäten von Morgen sein.

„Die Geschichte aller bisherigen Gesellschaften ist die Geschichte von Klassenkämpfen."

Karl Marx

Der Geist ist die herrschende Kraft der Existenz, schreibt Bruce Lee. Doch weshalb wird sie dann hier an diesem Ort nicht geachtet? Wieso wird in der Schule nicht über den Geist gelehrt? Ja, sie wissen davon, sie sollen uns getrennt halten von unserem Geist.
Nein, wir möchten nichts besitzen, noch besessen werden.
Der freie Geist soll einfach ausgelebt werden.
Ich habe keinerlei Religion, das Leben ist ein fortwährender Prozess.
Die organisierten Religionen spalten die Einheit des Lebens.
So stärkt Kummer den Geist, weil meine Thesen mich unter euch einsam gemacht haben.

Die von inne Kommende Wirkung erschafft das äußere Gefüge.

Genügsam zu leben ist unsere Philosophie. Wir streben nach Eleganz und nicht nach Luxus. Der Geist beherrscht den Körper. Doch die Schulmedizin lehrt nur das Physische. Doch der Geist sollte formlos sein.

„Linda, danke für den Tag, als Bruce Lee an der University of Washington die Ehre hatte, dich kennenzulernen."

Bruce Lee

Strömen wie Wasser, so sollte die Gesellschaft fließen mit dem Strom des Lebens. Gebt Liebe, erwartet nichts. Das Leben nimmt stets Kenntnis davon. Wenn sie nicht erwidert wird, strömt sie zurück und findet einen schönen Ort.
Fragt nicht, werde ich geliebt? Dies ist der falsche Ansatz in der Liebe.
Was nützt schon Bildung, wenn man keine Liebe hat, wenn man nicht feinfühlig ist?

„Liebe zur Natur ist die einzige Liebe, die menschliche Hoffnungen nicht enttäuscht."

Honore de Balzac

Oh Geliebte, ich stehe an deiner Pforte.

Ich durfte auf der Welt sein und bin nun wieder zurück.
Deine Welt, *oh Geliebte* ist wunderschön. Ich durfte von den schönsten Brunnen trinken, die schönsten Hunde und Katzen umarmen. Mit den Bäumen reden, bezaubernde Frauen küssen. Doch nun stehe ich mit Tränen an deinen Toren. Ich schäme mich so.
War dieses Leben nur ein Missverständnis?
Ich schrieb und sang die tiefsten Lieder. Ich schrieb von den hungernden Kindern, von den Tieren, die voller Angst in den Tod gingen, damit die Menschen sich an ihnen Erfreuten.
Laut war mein Kummer und Klagen, doch die Menschen hörten es nicht. In welch eine Welt war ich da unten geraten? Jene, die voller Gewalt waren in ihren Augen wurden angehimmelt, und deine wahren Künstler *Oh Geliebte*, wurden der Armut zugeordnet. Woher wollen sie nur erfühlen, was ich erlebte? Wer nur mit der Befriedigung seines Egos beschäftigt ist, kann nichts Himmlisches erfühlen. Nun stehe ich da und neige mein Haupt vor dir, *Oh du süße Geliebte*. Ja, ich beging viele Sünden und Fehler in diesem Leben. Ich bin bereit für die Hölle. Im Leben klagten mich an die Menschen. Sie schickten mich zu allen Zeiten ins Exil. Doch ich konnte ihre Welt nicht akzeptieren. Wirst du mich nun auch nicht annehmen? Bei dir fand ich stets Zuflucht an schweren, einsamen Tagen. Wirst du auch mich wegstoßen, oh Geliebte? Salbe mein Haupt mit den Tränen der Ewigkeit *oh Geliebte.*

„Wo immer der weiße Mann die Erde berührt hat, ist sie wund.“

Indianer

Wie soll ich denn keinen Kummer bei mir haben? Schaut sie euch an die Welt, doch betrachtet sie genau. Menschen, die sich als Engel tarnen, doch in Wirklichkeit Blutsauger der Wirtschaft und Industrie sind. Die meisten von uns fallen diesen Parasiten in die Arme. Sie rauben uns unsere reinen Träume.

Wie soll ich denn keine kummervollen Gedichte schreiben? Lassen sie uns eine andere Wahl?

Die Masse verkauft ihre Seele an die Mächtigen, sie sind Gehorsam ihren Vorgesetzen für ein wenig Sicherheit. Wissen sie denn nicht, dass dieses Leben vergänglich ist? Die Schönheit ist im Herzen der beseelten Wesen versteckt, doch in dieser Zeit spielt dies keine Rolle mehr. Menschen haben Angst vor dem Leben, und wer Angst vor dem Leben hat, der kann nicht Geben von seinem liebsten Besitz.
Wir Liebenden haben noch ein Stück Brot zum Essen, doch aus dieses mag der Kapitalist uns wegnehmen. Die schönen Menschen werden als Diebe gezeigt und die wahren Diebe, die Ausbeuter der Welt als Heilige und Wohltäter.

„Wie soll ich denn nicht weinen in so einer Welt? Sag es mir. Es ist deine Welt, die du mit deinen Ahnen erschaffen hast. Dies ist nicht unsere Welt.“

„Reißt nicht das Eingeweide unserer Erde auf. Sonst werden die Flüsse und Bäume weinen."

Keokuk, Indianerhäuptling

Von der Macht mag der Mensch keinen Abschied nehmen.

Die Geschichte wiederholt sich ständig, nur die Formen des jeweiligen Zeitalters ändern sich, da die Menschen sich nicht ändern. So muss ich lachen über euch, da ihr alle gleich seid.

Ihr habt Augen, doch sehen wir nicht Dasselbe. Ihr redet sehr viel, doch in euren Augen kann ich nichts Erhabenes sehen.

Bevor hundert Jahre vergangen sind, werdet ihr nicht sehen können, wer richtig liegt. Ihr alle oder meine Wenigkeit?.

So stehen wir erst zu Beginn von Allem. Das Geschenk des Lebens entflieht den Besitzdenkenden, heißt es.

Nur wer Liebe in sich hat, sollte auch Besitz haben, denn sonst ist es sehr gefährlich für die Welt.

„Bildung ist, was übrigbleibt, nachdem man vergessen hat, was man in der Schule gelernt hat."

Albert Einstein

Weise Menschen sind bescheiden, wie ein tiefer Fluss. Das wirklich Wissenswerte kann nicht gelehrt werden. Ja, die Zivilisation wird bald vergehen, doch die Geschichten von Astrid Lindgren werden bleiben.

„Bücher sind die Waffen unserer Gegenwart. Wir tragen keine anderen Waffen bei uns."

So bewahrt mich vor den Leuten, die nicht in der Orientierung des Seins lesen. Wir blicken auf den gleichen Baum, doch sehen wir nicht das Gleiche. Du siehst wie man damit Wirtschaften kann, wir sehen, wie wir den Baum schützen können vor dem weißen Mann, weil er mit der Axt in der Hand kommt um den Baum zu fällen.

„Alles was wir sind, ist das Ergebnis dessen, was wir gedacht haben. Wenn ein Mensch mit bösem Gedanken spricht oder handelt, folgt ihm der Schmerz auf dem Fuße."

Buddha

Wir führen Selbstgespräche mit der Seele und währenddessen hängen auf die großen Diebe die Kleinen. Alles ist ein Diebstahl. Die edlen Taten, die verborgen bleiben, sind am höchsten wertzuschätzen.

Alle edlen Werke sind selten, doch voller harter Arbeit. Doch eure Welt verehrt das Einfache, Billige.

Eile backt Brot, aber sie backt es schlecht. Der Edle achtet auf die Worte eines einfachen Menschen, und nicht die der Machthungrigen im Geiste.

Einsamkeit ist unser Los, doch ein hervorragender Geist, die Folge.

Duft der Blumen

*„Das Verlangen nach Gegenliebe ist nicht das Verlangen der
Liebe, sondern der Eitelkeit."*

Friedrich Nietzsche

Die Erde ist ein Paradies, doch der Schlüssel zu ihr ist verloren
gegangen. Im Kapitalismus bespucken die Menschen die Mutter Erde,
dabei bespucken sie in Wahrheit sich selbst.
Die Herde, der Durchschnittsmensch liebt es das Strahlende zu
schwärzen und die Erhabenen in den Schlamm zu ziehen.

In den alten Büchern treffen wir die alten Dichter. Sie sind mit uns.

Die Erwachsene achten auf Taten, doch die Kinder auf Liebe.

Wer nie den Duft der Blumen suchte, hat nie gelebt.

Denn was die Menschen nicht kennen, dies Befeinden sie dann.
Man kann nicht fliegen, bevor man zur Liebe gefunden hat. Wer viele
Fragen stellt, weiß viel. Ihr seht was alles auf der Welt passiert, doch
ich bin der Einzige, der frägt, wieso, weshalb, warum?

„Man sagt, als die Missionare kamen, hatten sie nur die Bibel und wir die Indianer hatten das Land. Jetzt haben wir das Buch, und sie haben das Land.“

Vinde Deloria

Auf eurem Marktplatz wird ständig geplappert. Ihr müsst sehr unwissend sein, denn ihr beantwortet jede Frage, die man euch stellt. Ihr habt zu jedem Thema ein Urteil, eine Schublade wo ihr euch eurer Vorurteile bedient.
Die Geliebte ist ein wunderschöner Garten, in jener man sich ausruhen kann.

So überlasset die Traurigkeit uns Liebenden, wir sind die Glücklichen dieser Welt. Leider sterben die schönen Menschen recht früh.

Denn wo der Mensch nehmen möchte, dort muss man geben und teilen. So gehen wir ohne Fußspuren durch eure Zivilisationen, man wird unsere Fußstapfen erst in hundert Jahren sehen. Denn in eurer Welt lehrt ihr Wissen ohne Ehrfurcht und das Herz wird verachtet.
Dies sind die schlimmsten Sünden der Welt.
Die Genies werden stets missverstanden zu ihrer Zeit. Doch die Genies dieser Welt haben unendliche Geduld mit der Masse.
Man muss viel sitzen und nichts tun, um ein Genie werden zu können.

„Es ist nicht klug, der Welt sein Herz zu zeigen. In unserem vulgären Zeitalter braucht jeder eine Maske"

Oscar Wilde

Ihr denkt, dass Gott auf eurer Seite steht? Eure Taten sagen etwas ganz Anderes. Denn die Liebenden sind bescheiden, eure kleinen Männer hängen an der Macht und halten sich für die größten Götter und ihr folgt ihnen.
Doch von Neurotikern wurden die schönsten Kunstwerke erschaffen.
Denn wahre Kraft besteht nur mit Güte und in Demut.
In gütigen Menschen geht Gottes Wesen über die Erde.
In euren Zivilisationen ist Güte ein Fremdwort.

Ihr bedient euch stets eurer Vorurteile, ihr kennt kein anderes Urteil.

Der Mensch sollte gedeihen wie eine schöne Blume, doch bei euch bekommen die Blumen kein Wasser und keine schöne Erde, denn du verachtest die Mutter Natur.
Doch das weiche Herz wird gewinnen am Ende der Geschichte.

Ein betrübtes Lied

„Wir irrten uns aneinander. Es war eine schöne Zeit.“

Johann Wolfgang von Goethe

Viel Kälte ist unter den Menschen.

Herzen sind da um geliebt zu werden, doch eure Welt bricht die Herzen der edlen Seelen, der Unschuldigen. Doch die Zeit ist gekommen, für meine Werke. Denn wahre Kraft macht keinen Lärm, sie ist da und gedeiht.

Eure Schulen lehren Wissen, doch wie man wahrhaftig lebt ist euch Fremd.

Ein betrübtes Lied die Folge.

Wo viel Gefühl ist, dort viel Leid. Man lernt nur da, wo man Verliebt ist. So lese ich ununterbrochen die Werke der alten Dichter und Indianer allein in meiner armen Stube und bin nie Einsam.

„Die Weißen haben uns viel versprochen, mehr als ich aufzählen kann, aber gehalten haben sie nur ein Versprechen. Sie schworen unser Land zu nehmen, und sie haben es genommen."

Red Cloud, Indianerhäuptling

Es gibt wahrhaftig nichts Schöneres als die Menschheit zu lieben, doch der Mensch der herrschenden Norm ist grausam und Böse. Sehnsuchtsvoll die Blicke der schönen Geister. Je mehr ich über die Menschen erfuhr, desto mehr liebte ich meinen Hund. Die göttliche Musik der Hunde, ihr Bellen ist die Sprache der Engel.

Hört genau hin. Wo Musik ist, das süße Bellen der Hunde, dort geschieht kein Unheil.

„Wir werden am Hoffen sterben und wir werden am Glauben sterben, das ist das Los der Menschen, die man betrügt und die sich selbst betrügen, dieses Los hat sich nicht geändert, die Katastrophe allein ist imstande, uns davon zu befreien, und wir wissen, dass wir sie nicht mehr umgehen können."

Albert Caraco

Die heutige Gesellschaft basiert auf dem Mammon. Eine solche, ist aggressiv. Das heutige Bildungssystem kümmert sich kaum um ethische Grundsätze. Mitgefühl und Empathie sind Fremdwörter in diesen Einrichtungen. Die Gesellschaft formt sich durch ihr Bildungssystem, doch es werden hier keine menschlichen Werte vermittelt, sondern die unmenschlichen Werte der Wirtschaft.

Die Folge sein möge, dass Menschen wie Maschinen werden.

Wenn es Zärtlich- und Freundlichkeit in eurer Welt geben würde, könnten auch Menschen in Armut überleben und es würde keine Armut geben.

„Wer vor seinem 48. Geburtstag ein Pessimist ist, weiß zu viel.
Wer danach noch Optimist ist, weiß zu wenig.“

Mark Twain

Hoch pflanzen wir die Bäume, doch umso neidischer der Wind.
Denn Judas schläft niemals. Zahllose Niederlagen erleben wir in eurer
Welt, doch umso größer der Triumph. Unsere Hingabe das Schreiben
und Denken, doch viele Opfer haben wir dafür gegeben.

In den Armen der Geliebten, gefunden das Paradies. Niemand kommt um
Blumen zu bringen, doch am Grabe werden sie mich mit Blumen zuschütten.
Welch eine Welt?

Unrecht geschieht jeden Tag in eurer Welt, weil das Streben nach
Reichtum die Herzen erblindet. Ja, die akademische Kaste hat viel
Geld, doch arm ihre Seelen. Eure Augen sind alt und verdorben.
Ihr habt kein Heimweh zur Menschlichkeit.

„Wer reist, um Wissen zu finden, dem wird Gott das Paradies zeigen."

Koran

Ihr reist in ferne Länder, doch eure Vorurteile bleiben. Ihr seid nur am Konsumieren während des Reisens, nicht des Lernens Willen. Der weiße Mann ist fremd der Liebeswelten der indigenen Völker.
Des weißen Mannes Welt ist hart, fern vom Zarten.

„Zur Hölle mit den Umständen. Ich erschaffe Möglichkeiten. "

Bruce Lee

Die Masse der Menschen zerstört die großen Ideen schöner Menschen. Das Dümmste gewinnt bei ihnen. Die Masse bewundert stets das Schlechte. *Dies ist ein Naturgesetz zu allen Zeiten der Welt.*
Nein, ihr seid Gering und Bedürftig. Euch können wir nicht gehorchen. Vollkommene Schönheit ist euch leider Fremd.
Deshalb verkümmern in eurer Welt die Seelen und ihr betet den Konsum an mit ihren Tempeln, den Einkaufszentren.

„Die Schönheit der Dinge lebt in der Seele dessen, der sie betrachtet."

David Hume

Auf leisen Sohlen wandern die Liebenden, sie sind zu allen Zeiten der Welten die wahren Helden.
Die Suche nach der Schönheit, unser Schicksal.
Denn Gott ist mit den Schwachen, mit den Ausgestoßenen. Unsere Seelen schenken wir den Menschen um der Liebe willen, damit sie auch zur Schönheit finden.

Wir Dichter sind wie das Wasser, ihr dürft euch an uns waschen. Ihr dürft von unserem Brunnen trinken. Wir nehmen euren Schmutz auf uns.

Wie sähe die Welt nur aus wenn es kein Wasser gebe? Die Sehnsucht der Liebenden lässt schöne Dinge erblühen. Doch weshalb sieht man keine selbstlos liebenden Menschen mehr?
Voller Gier die Augen der Masse. Sie betrügen sich selbst und die nächsten Generationen. Machtbewusstsein scheint die einzige Religion auf Erden noch zu sein. Die Wolken weinen über diese Geschehnisse.

„Berührung erscheint mir so lebensnotwendig wie Sonnenlicht."

Diane Ackerman

Viel Sensibilität bedeutet sehr viel Ärger in eurer Welt. Zu fühlen ist eine Sünde in dieser Welt, wo die Roboter uniformiert in Menschenkostümen regieren. Ihr habt alles in eurer Welt klassifiziert.
Ihr werft Steine in den Brunnen, aus dem ihr getrunken habt.
Wo ist die Dankbarkeit gegenüber dem Leben geblieben?
Heute leben wir in der schlimmsten Diktatur, wo es den lebendigen Menschen nicht mehr gibt, den Denkenden. Doch lieber Sterben unter den Blumen als in eurem Schmutz elendig zugrunde zu Gehen.

„Ewig besiegt das Weibliche durch Stille das Männliche."

Lao tse

Der Weg zu allem Großen geht durch die Stille, doch laut und schnell eure Zivilisationen. Wie wollt ihr nun gelangen zu wahrer Größe?
Es wäre gegen die Naturgesetze, gegen die Gesetze der Physik. Deswegen tanzt die Erde nicht bei euch, da die Engel nichts mit euch anfangen können.

Zum Tanzen benötigt es Himmelsaugen.

Doch die Himmelsaugen werden in den Schulen und Universitäten eurem Geist ausgetrieben. Gott liebt jene, die Tanzen können mit ihrem Geist. Schöne Taten sollten im Verborgenen geschehen, doch ich betrachte euch. Ich kann euch ganz nackt sehen. Mir könnt ihr nichts vormachen.

Bei euch wird alles zur Schau gestellt. Es geht nur um euren Narzissmus getarnt unter der Maske der Freundlichkeit.

So weinen um euch meine Augen, bittere Tränen der Traurigkeit.

Welch geheimer Ort doch das Land der Tränen. Noch habt ihr keinen Zutritt darin. Nicht in dieser niederen Verfassung. Euer Geist schwingt zu niedrig.

Wir sind hier auf Erden um zu Träumen doch ihr um zu Konsumieren. Die Träumer reiten gegen die Männer der Tat. Schaut wie eure weißen Männer zurückweichen.

„Wir sind und bleiben unseren Träumen treu, bis zum Erwachen. "

Ernst Ferstl

Die utopischen Träume der Dichter sind oft nur *vorzeitige Wahrheiten.* *Nur bei Mondlicht finden wir zu den Gedichten, so sehen wir der Welt voraus, während ihr im Schlafe wiegt.* Eine große Traurigkeit empfinden wir für euch, für die kleinliche Welt dir ihr erschaffen habt.

Der Dornröschenschlaf

„Oh, dieses ewige Überall. Oh, dieses ewige Nirgendwo. Oh, dieses ewige Umsonst."

Friedrich Nietzsche

Nein, ich trage keinen Groll gegen euch. Ich mache nur Beobachtungen, es sind keine Urteile. Ein waches Herz kann sehen. Ich liebe die Menschen zu sehr, dass ich sie aufwecken möchte aus ihrem Dornröschenschlaf. Ihr stempelt mich ab als einen Schizophrenen.

Doch die Musik, zu der ich singe in diesen Werken ist für eure Ohren nicht geschaffen.

Seht euch doch eure Welt mal an. Es braucht verrückte Liebende.
Die Normalen haben uns in die Diktatur des Geldes gebracht.
Gemein eure Lippen, euer Sprachgebrauch, voller Spaltung.
Wir schießen mit Pfeilen, doch sie sind in Honig eingetaucht worden.
So sehr lieben wir euch.
Doch ihr möchtet euch nicht ändern. So ist nichts mehr zu machen für und um Euch. Ihr nehmt euch Selbst wichtiger als das Leben euch nimmt, denn ihr nehmt das Böse gleichgültig hin und arbeitet damit mit dem Bösen, den Niederen zusammen.
Die wahre Wirklichkeit liegt in den Träumen der Kinder und Tiere.
Ihr vermittelt Informationen in den Schulen, doch dem Wissen widmet ihr euch nicht.
Wohin mit euch. Wohin?
Dies alles macht ihr Bewusst.

„Die Wissenden sind immer nur wenige."

Hermann Hesse

Kalte Worte sind nicht mehr auszustehen. Wo ist die Sprache in den Romanen hin? Jugendliche und Erwachsene bekommen keine ganzen Sätze mehr zusammen. Und wenn sie reden, ist ihre Sprache voller Streit und Spaltung.
Wo ist die blumige Sprache von *Pippi Langstrumpf* und *Shakespeare* hin? Wo ist *Friedrich Nietzsches* Dichtung hin?
Doch die Masse wird vergehen und das blumige Wort wird bestehen bleiben. Die Sprache der wunderbarsten Märchen ist von Dannen gezogen. Wie soll eine schöne Welt nun entstehen? Es ist unmöglich.
Denn jedes kalte, harte Wort bringt als Ergebnis eine barbarische Zukunft. Ist es denn nicht Sünde, zu wünschen, ohne zu handeln? Menschen wünschen, doch sie handeln nicht zu den Dichtungen.
Sie haben kein Interesse daran anmutige Wesen zu werden.
Doch wenn sie das Unheil der Herrschenden trifft ist ihr Geschrei und Geheule sehr groß.

Doch alles zu spät.

„Um sein Ziel zu erreichen, zitiert selbst der Teufel aus der Bibel."

William Shakespeare

Weshalb wird das eigenständige Denken diskriminiert?
Doch wenn der Mensch nicht zum feinfühligen Denken kommt, wird er dies in naher Zukunft bereits Bereuen.
Denn ohne Ehrfurcht vor dem Leben hat die Menschheit keine Zukunft, wie es der unsterbliche Albert Schweitzer beschrieb.
So können Tag und Nacht nicht zusammen leben. Ihr wolltet so eine Welt haben, wie sie heute ist.
So kostet daran und schmeckt den bitteren Geschmack.

Die Liebenden pflanzen Bäume obwohl sie wissen, dass sie nie in ihrem Schatten sitzen werden.

„Unsere süßesten Lieder sind die, die von unseren traurigsten Gedanken erzählen."

Percy Bysshe Shelley

Zu tiefst Entsetzt über die heutigen Tage, die womöglich letzten Tage der Menschheit in dieser Lage. Wo ist die akademische Elite, wieso redet sie kein Wort, wieso rebelliert sie nicht? Wenn es um das Geld geht sind sie stets sehr laut gewesen, stets immer, zu allen Zeiten.
Wo ist die Politik, die Wissenschaft? Wo sind die Intellektuellen? Sitzen womöglich an ihren warmen Tischen, bei Rotwein. Zu Blut soll dieser Wein werden. Unseren Kindern wurde die Würde genommen, und die Profisportler sind alle Gehorsam ihren Herren. Sie sind die Eichmanns und Heideggers dieser Zeit. Sie unterstützten durch ihr stilles Schweigen die Diktatur der heutigen Zeit. Sie werden nicht davon kommen. An ihren Millionen kleben die Tränen der Kinder in den armen Ländern.
Ja, sie besitzen alle viel Geld, doch dieses Geld gehört nicht ihnen.
Es hängt das Blut der Kinder daran in den armen Ländern. Wo sind die vielen Prominenten Europas aus Literatur, Musik, Kunst geblieben? Sie waren alles Lügner. Ihnen ging es nur um ihre eigenen Taschen und ihren Wohlstand. All die Errungenschaft der Dichter und Denker wurde zerstört.
Denn wer das Unrecht schweigend hin nimmt macht sich schuldig. Die tolerierende und schweigende Mehrheit lässt Pharaos dieser Welt entstehen. So passierte es auch Heute.
Den Kindern wurde die Würde genommen, durch die Masken. Dies war die größte Kindesmisshandlung. Und all eure Prominenten schweigen. Wer keine Maske trägt wird bestraft und ausgeschlossen. Willkommen im Faschismus.

„Die Konditionierung der Kinder ist die gefährlichste Sklaverei in der heutigen Zeit. Hütet eure Kinder. In der Schule wird den Kindern ihre Unschuld genommen. Sie bekommen die herrschende Ideologie gelehrt."

Burak Tuncel

Der moderne Mensch möchte alles beherrschen, doch das Leben lässt sich nicht beherrschen. Das Herz des modernen Menschen ist nicht mehr lebendig. Totalitäres Regime, die digitale Diktatur, die Folge einer herzlosen Gesellschaft.

Ein Mensch der lieben würde, könnte so eine Welt nicht entstehen lassen. Das Kämpfen gegen die Mutter Natur ist heute die herrschende Religion.

Ich nehme Abschied von dir liebes Deutschland, mit Tränen in den Augen. Dies ist meine Heimat, doch ich nehme Abschied von dir. Lange habe ich dir gedient mit meinen Gedichten und der Lyrik, doch die Sorge von dir langsam zu Tode gemartert zu werden, lässt meine Koffer packen. Du kannst mir in die weiten Fernen nicht folgen, in die es mich zieht. Du hättest Todesangst davor. Doch was bedeutet mein Gehen für dich? Du hast nichts dazu gelernt aus deiner Geschichte. Mit deiner Deutungshoheit in deiner Sprache hast du Menschen hier in diesem Lande sehr traurig gemacht, du hast sie zu Fremden degradiert, anstatt eine Einheit zu bilden. Dies steht nun fest. Meine einsamen Weiten sind ein Stück deiner düsteren Zukunft, da ein gebrochenes Herz die Folge des Gehens ist. Ihr macht die kleinen, seelenlosen Kreaturen zu Großen in eurer Welt und eine lieblose Gesellschaft voller Narzissten ist das Resultat. Deshalb trenne ich mich von dir, um der Heimat Deutschland besser dienen zu können. Denn in der Ferne kannst du mich nicht mehr diskriminieren, du kannst mich nicht mehr psychisch Erschlagen. Vielleicht achtest du meine Werke der Kunst besser in der Ferne als in der Nähe. Was dir zu nahe ist, dies Verachtest du. Weil du lieblos bist, halten sich die Liebenden fern von dir, seit die Welt ihre Geschichten schreibt. Der weiße Mensch und sein Columbus Denken fühlt sich als die herrschende Norm in dieser Welt. Die schönen Wesen. Jene, die durch deine Gesellschaft verrückt wurden, sperrst du einfach weg. Und die Normalen, jene ohne Seele und Herz verwalten und regieren deine Welt. Wenn ich an die neugeborenen Kinder denke, die in deiner Welt geboren werden dann schmerzt das Herz. Weil du sie auch zermatern wirst und sie in Nationen und Ethnien teilen wirst, um deine Ordnung zu bewahren. Ich nehme Abschied von dir, sagte ich. Es dauerte viele Jahre, und es kostete mich viele schmerzeiche und schlaflöse Nächte, mich von dir zu verabschieden.

Du hast meine Früchte nicht angenommen, meine schönsten Geschenke, sie waren voller Genuss. Ich wartete lang auf dich, doch du kamst nicht. In deiner Welt wird die Seele verleugnet, dies hätte ich nicht hinnehmen können als ein Dichter. In deiner Welt braucht man die gekränkten Seelen, damit man durch sie dann Geld verdienen kann. Ich schrieb von Kunst, Literatur von Volksliedern, doch du schwiegst mich an, liebes Deutschland. Du bist immer noch derselbe kleine Mann geblieben. Die Schönheit trittst du mit Füßen, das kritische Denken. Deshalb ist kleine deine Welt. Dort wachsen keine schönen Blumen mehr, du verscheuchst sie alle. Du liest Goethes Faust, doch du verstehst nichts davon. Du bist eitel und leer. Doch ich begriff dich wenn auch spät. Du kannst nur nehmen, und du kannst nicht geben. Deshalb ist dir unvorstellbar, dass jemand am Geben seine Lebensfreude haben kann. Ich hätte Achtung vor dir gehabt, wenn du ehrlich gewesen wärest. Du bist klug und geschickt, trägst schöne Anzüge, doch deine Seele ist verstopft, liebes Deutschland. Du kennst die Kunst der Liebe nicht, wie es Erich Fromm in seinen Werken schrieb. Mir kannst du keine Märchen erzählen, ich habe dich Nackt gesehen. Wir sind Kinder dieses Landes, doch leider nur Waisenkinder in deinen Augen. Geht man so mit seinen Kindern um? Doch wenn der Wohlstand einer Gesellschaft auf Kinderarbeit in den armen Ländern beruht, dann ist dies Verständlich. Du liebst keine Kinder, liebes Deutschland. Du siehst sie nur als Objekte. Sonst hättest du uns wie Vieh in der Schule nicht getrennt von den anderen Kindern. Du brachtest nicht die Größe auf menschlich zu sein. Deine Kultur produziert Sklaven, weil sie die Konkurrenz und den Wettbewerb preist. Doch du denkst immer zu kurz, liebes Deutschland. Du nahmst unsere Arbeitskraft und gabst keine Blumen zurück. Von Herzen wie verrückt liebten wir dich. Doch ich begriff deine Krankheit. Lieblos sind deine Augen. Ich bin nur noch für das lebendige Leben zu jedem Opfer bereit. Ich hatte mich und mein Leben dir gewidmet und geglaubt hatte du wärst das Lebendige, die Hoffnung. Doch wie ich haben viele Menschen das Lebendige in dir gesucht und zu finden gehofft, siehe den unsterblichen Dichter Friedrich Nietzsche. Alle, die dies taten kamen um oder wurden gekränkt in deiner Welt. Ich möchte nicht umkommen in deiner Enge und Kleinlichkeit, deshalb der Beschluss nun zu gehen. Denn ich habe wichtiges zu tun, mich der seligen Stille und Liebe zu widmen, den Naturgesetzen und nicht deiner künstlichen Welt, wo Millionen von süßen Küken geschreddert werden. Es gehört viel Mut dazu, dich zu verleugnen, dies weiß ich. Doch die Pest der Seele führt mich dazu, bekomme keine Luft mehr hier. Hinter deiner Maske von Sozialität und Freundlichkeit bist du eine brutale Welt. Es lachen keine Menschen bei dir von Herzen. Denn große Künste und Wissenschaft ertragen keine Fesseln. Du hörst am Schönen vorbei und dies machst du Bewusst. Es bringt nämlich keinen Ertrag. Wenn es um das Geld geht haben alle die gleiche Religion bei euch. So lebe wohl liebe Heimat.

„Warum wurden die Blumen so schön und doch so glücklos geboren? Es scheint, dass dies Schicksal aller liebenden Dichter sei. Immer schon waren wir grausam zu denen, die uns lieben und dienen, ohne die Stimme zu erheben. Aber die Zeit wird kommen, wenn die besten Freunde, die wir haben, uns für unsere Grausamkeit verlassen. Hat denn keiner bemerkt, dass die Wildblumen mit jedem Jahr seltener werden? Es mag sein, dass ihre weisen Männer ihnen geraten haben, fortzugehen, bis der Mensch menschlicher wird. Womöglich sind sie in den Himmel gezogen."